HORIZON

KEIGO HAGIYA

INTRODUCTION

ダイビングをやろう！と思ったのは、映画「海猿」シリーズのファイナルを観たのがきっかけです。
ドラマの「海猿」は、子供の頃からずっと観ていたし、その影響で水中世界にもめちゃくちゃ興味を持っていましたが、
当時はまだ、どこか遠い世界のお話という感じでした。
時は巡り、高校２年というタイミングで「海猿」シリーズのファイナルを観た瞬間、
もういてもたってもいられなくなったんです。なんていうのかな…
少しずつ膨らんでいた水中世界への興味が一気に弾けた感じ。
この時、僕の心と体がようやく「海猿」の世界観に追いついたのだと思います。あとは行動あるのみ！
映画を見終わった後、すぐに一人でダイビングの講習を受けに行き、資格を取った後は、さらに上の資格を取るため、
ひたすら潜りまくりました。ふり返ると、僕の高校時代はまさにダイビング一色だったように思います。

でも、実は高校を卒業してから５年ぐらいは、いろいろあって大好きなダイビングと離れていたんです。
再開したのは、去年。7ORDERの「LIFE」のMV撮影で沖縄に行ったのがきっかけでした。
５年のブランクがあったのに、体はちゃんと覚えているものなんですね。
いや、むしろ大人になった今の方が、いろんな意味であの頃より自由に楽しく潜れているような気がします。

三宅島に行ったのは今回が初めてでした。国内の場合、潮の影響で海が濁る「春濁り」という現象が起こるため、
春はダイバーに敬遠されがちなんですが、三宅島は春からがベストシーズン。海中も想像以上にキレイでした。
今回は３か所潜りましたが、どこも本当によかったです。その感動をたくさんの人と共有したい！
この本は、そんな思いで作りました。
三宅島の雄大な自然の影で脈打つ火山島としての姿や、そこで生きる人々の強さみたいなものも
写真から汲みとってもらえたら嬉しいです。

今回のこの本の出版は、まさに好きが仕事につながった“僕の理想とするカタチ”。
水中世界や潜水する楽しみ、体が解き放たれリラックスした状態で海の中に居続けられる喜び、
水族館とはまた違うリアルな世界に触れられる面白さなど。ダイビングをした人にしかわからない体験や感動を
多くの人に伝えたい…インストラクターを目指すようになってから、そんな思いをさらに強く持つようになりました。
今後は、このチームで国内外の様々なダイビングスポットを巡り、
微力ですがダイビング普及に尽力したいと思っています。

萩谷慧悟（7ORDER）

SCUBAPRO

MIYAKE ISLAND DIVING MAP

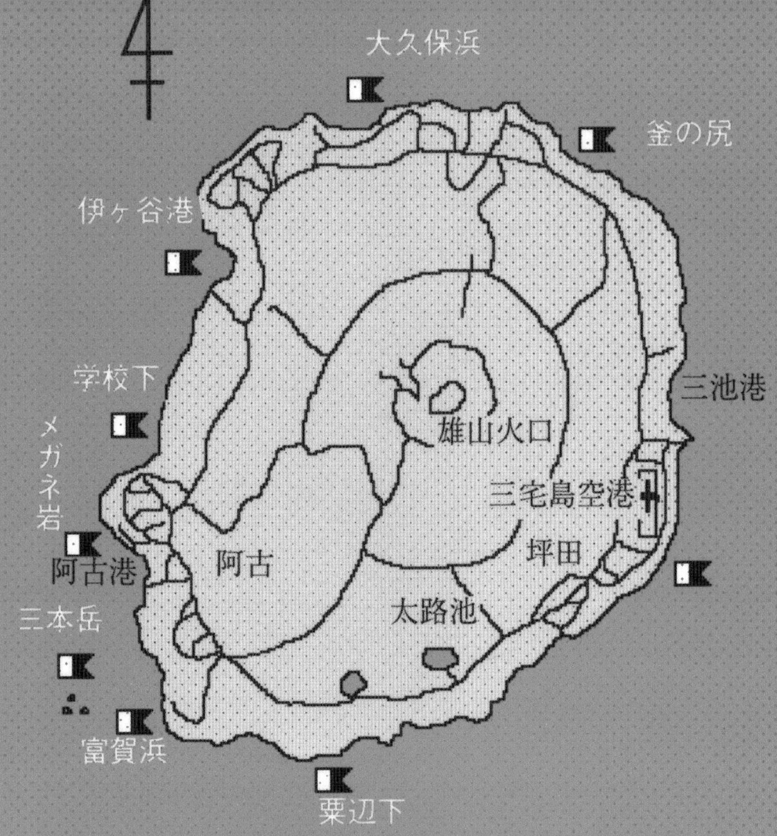

東京から南に180km。東洋のガラパゴスと呼ばれる。黒潮がダイレクトにぶつかるこの島には、北限のサンゴの群生、三宅島のみに棲息する生物がいる。ダイビングシーズンは春から秋がおすすめ。

TOGA-HAMA
富賀浜

ベタナギ以外は中止したほうが良い。
特に左からウネリが入るときは要注意。
かなり複雑に根が入り組んでいるので、ガイドが必要。
浜ぞいは浅く、サンゴが群生しているので
スキンダイビングに最適。

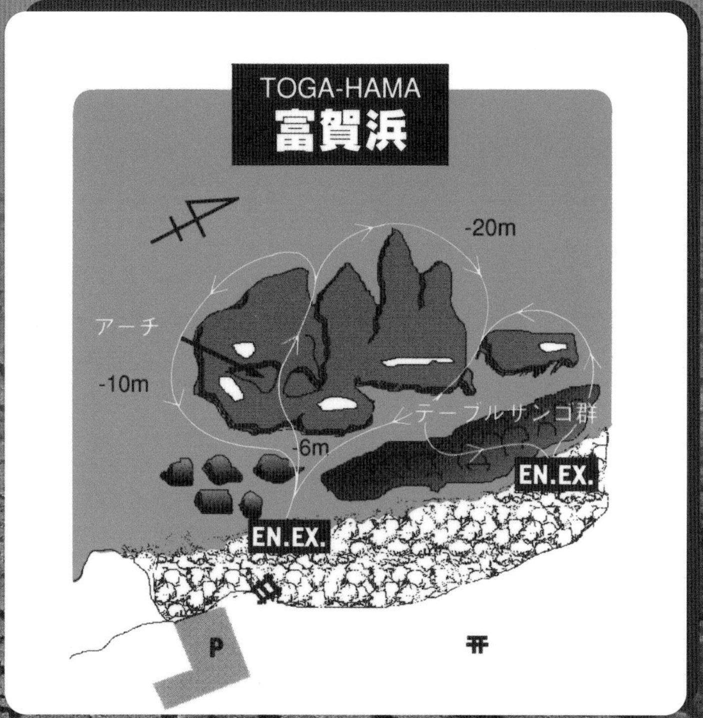

4481-2KT
東京260

4481-2KT

東京260

AQUA LUNG

AQUA LUNG

AQUA LUNG

GAKKOUSHITA
学校下

ウネリのあるときは中止する（波長が長いとき）。
EN より真沖に出て、ショートドロップを遊びます。
左に行き過ぎると流れが速くなることがあるので注意。

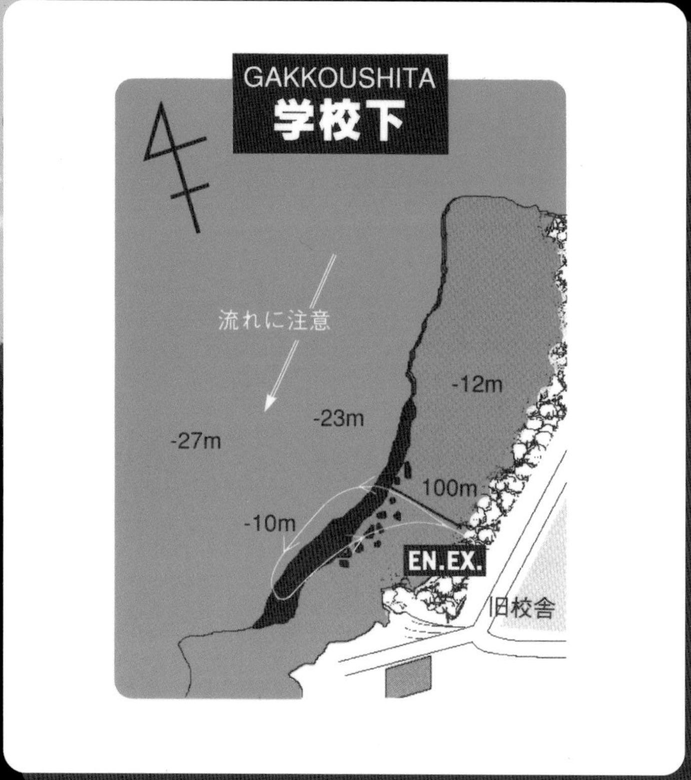

SCUBAPRO

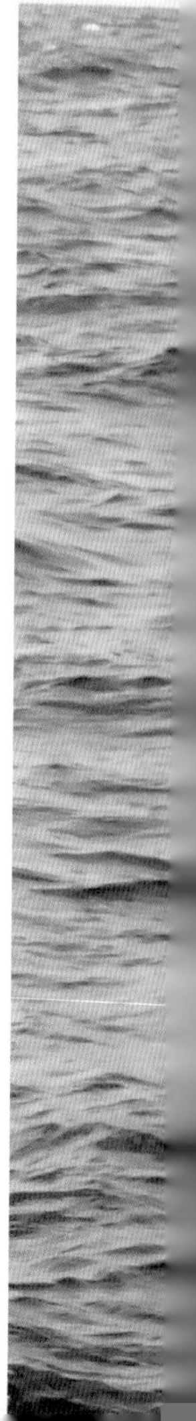

SCUBAPRO

RIVALLEY
BURNING BLOOD

RBB
RIVALLEY
BURNING BLOOD

BURNING BLOOD
RBB
ULTIMATE GEAR

RIVALLEY BURNING BLOOD
RBB
ULTIMATE GEAR

OOKUBO-HAMA
大久保浜

桟橋くずれの左側よりエントリーし早目に潜行する。
水深５～６m 程度で根にあたるまで右（東）に移動、
根にあたってから根沿いを遊ぶ。
エキジットはエントリーポイントと同じ砂地側が安全。

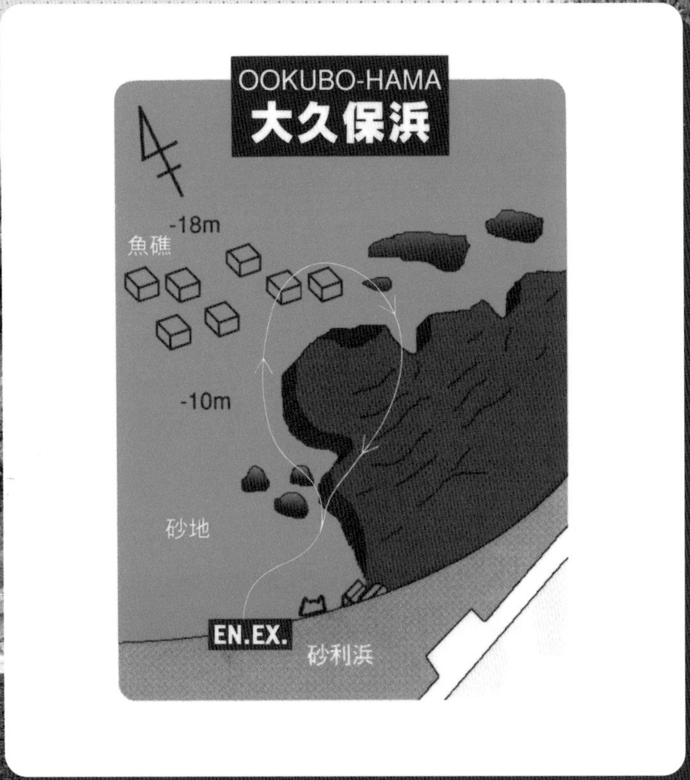

SCUBAPRO

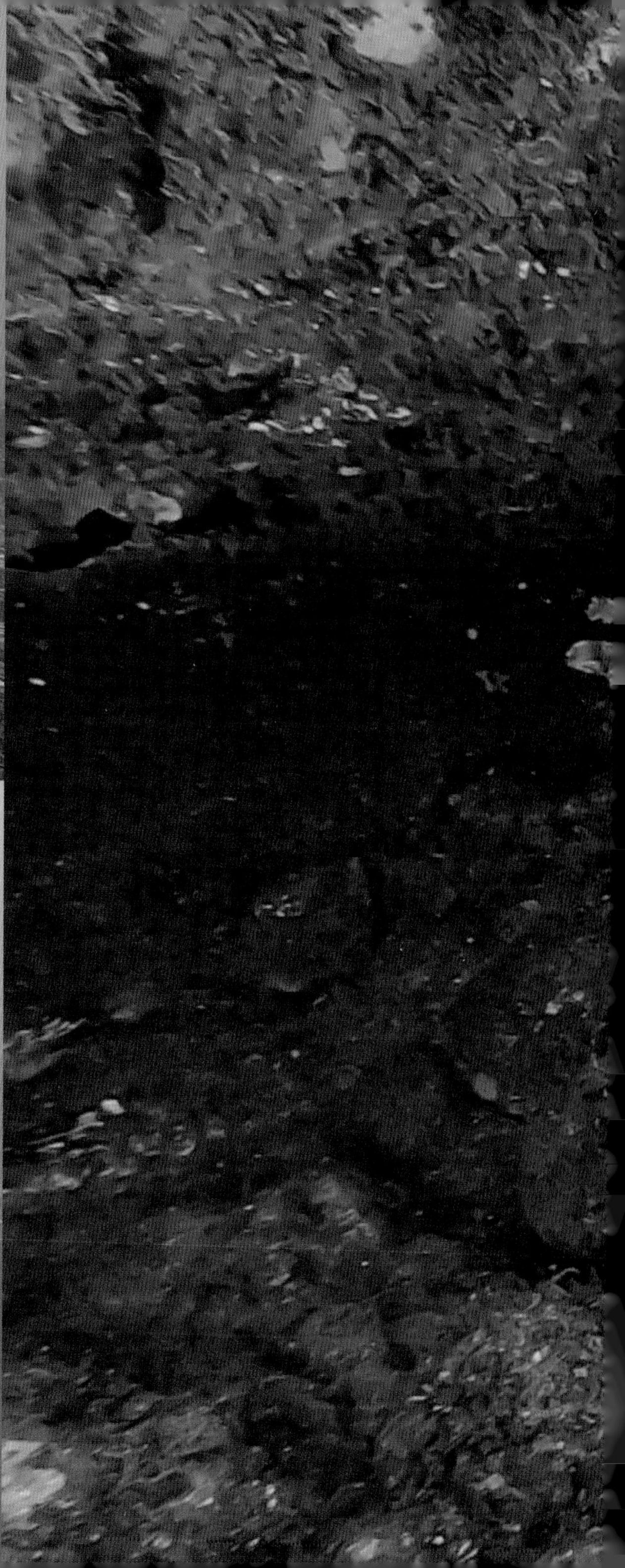

SCUBAPRO

SCUBAPRO

OLYMPUS

HORIZON
HAGIYA's SHOT

HAGIYA's SHOT

HAGIYA's SHOT

HAGIYA's SHOT

最初の資格を取ったのは、高校2年の夏

最初に取るのは、オープンウォーターダイバーという資格なんですが、僕はそれを2013年7月に取りました。オープンウォーターって、初心者からダイバーになる初めの大きな関門だから学ぶことが多いんですよ。体験ダイビングは全部スタッフがやってくれるんだけど、このオープンウォーターは、自分で器材のセッティングをして、自分だけで潜れます!っていう資格のこと。これを取らないとファンダイビング(ライセンス取得者ができるダイビング)ができないから、いろいろ覚えることも多いんです。車の免許でいうと、仮免許みたいな感じかな。試験は割と簡単な筆記試験とプール講習が一日、それと海洋講習が4ダイブとか。これは、僕が取ったPADIっていう団体の規定なんですが、一般的にはどの団体もほぼこんな感じですね。

高校の夏はダイビング三昧!

オープンウォーターは、ダイバー初級編みたいなものだから水深18メートルまでしか潜れないんです。だから、僕はすぐにアドバンスウォーターダイバー(中級)も取りました。オープンウォーターをもっていれば、5ダイブするだけでアドバンスを取れるんです。PADIの場合、このアドバンスをもっていれば、世界中どこの海でも潜れるし、水深30~40メートルぐらいのディープダイビングもできるんです。試験ではなく経験でアドバンスが取得できることを知ったので、高2の夏はひたすらダイビングしまくりました(笑)。

さらに、2014年春には、レスキューダイバーの資格を取りました。レスキューは、自分やほかの人がトラブった時の対応に特化したライセンス。アドバンスで経験を積むと取れるんですが、これに関しては、水中、水面でトラブルを起こした人の対応や運び方を学んだ上で、それとは別に陸上での応急処置といったエマージェンシー・ファースト・レスポンス(EFR)という資格も必要です。海猿みたいに大層なものじゃないけど、アドバンス(中級)の中では、一個上に位置する資格です。

PADIでは、ここまでがアマチュア。ここからスペシャリティを5つとって申請すると、アマチュアの最高峰と言われるマスタースクーバダイバーになれるんです。最初は僕もこれを目指していたんですが、やっているうちに、どうせならプロになりたい!と思い始めちゃったんです。マスタースクーバダイバーになっても、所詮はアマチュアなので、そこはやっぱりダイブマスターを取らないと、って。だけど、そんな意気込みに反して、その後は、仕事の関係とかいろいろあって5年ぐらいダイビングから遠ざかってしまったんです。

ダイビング再開のきっかけは「LIFE」のMV撮影

去年の夏、「LIFE」のMV撮影で沖縄に行った時は、たまたまメンバーと一緒に潜る機会があったんです。僕自身も、久しぶりにダイビングしたんですが、その時、やっぱりダイビングって楽しいなって実感しましたね。で、せっかくだから念願のダイブマスターを取るか！ってなって、すぐに講習を受けたんです。僕、思ったら即行動するタイプなんで（笑）。

ダイブマスターは技術のスペシャリストだから、講習も結構大変です。立ち泳ぎ15分、800メートルの競泳、フィンリレーなどといった体力面はもちろん、海猿でも見たことがあると思うけど、バディと器材を全とっかえする技術スキル、また、最初のオープンウォーターでやったマスククリアやレギュレーターが外れた時の対処法、耳抜きの方法、ハンドシグナルなどをスムーズにできるかという基礎的な講習も受けます。さらに、メジャーをもって泳ぎながら、水中の地図を手書きで作成したり、レスキューのおさらいや遺失物の探し方と見つけたものが重い場合の安全な持ち上げ方などといったサーチ＆リカバリーの復習。それプラス、めちゃくちゃ学科もあります。ダイビング理論、物理、生理、器材スキル…全部で100問ぐらい受けて、やっと終了するんです。

このダイブマスターを持っていると、プロフェッショナルだから、お店とかでライセンスを持っている人をガイドできるようになります。ただ、このままだとライセンスを持っていない人を連れて行くディスカバースクーバダイビング（体験ダイビング）を開催することはできません。ダイブマスターの資格でもDSDリーダーというオプションの講習があり、それを修了すると、インストラクターみたいにオープンウォーター（海）ではできないけど、限定水域内（プールや浅場の海）での体験ダイビングを開催できるようになるんです。で、その講習課題に7ORDERの仲間のナガツ（長妻）とモロ（諸星）を連れて行ったんです。二人を連れて行くのは大変だったけど、わりとうまくいったんじゃないかな。ナガツは沖縄でも一緒にダイビングしたから、なんとなくわかってたしね。しかも、講習課題をした伊豆の海は、沖縄と違って、食べられる魚や貝がいっぱい泳いでいたから、貝好きの2人はサザエとかを見ただけで興奮してました（笑）。

ダイビングを再開してからは、高校時代からバディを組んでいる友達と一緒に車で師匠のところへ行っては、タンクだけ借りてバディライブをさせてもらっています。高校の時は車の免許がないから、当然電車移動でしたよ。今思うと、よくあんなに重いものを海のない埼玉から伊豆の海まで担いでたな、って思います。今使ってるメッシュバッグは、高校の時から愛用してるものなんだけど、当時は毎回、肩のところが痣になってましたね。しかも、帰りは器材が濡れてるから、丁度バッグがあたるパンツ部分が濡れちゃって結構恥ずかしい思いもしました（笑）。そういえば、ふと思ったんだけど、僕が好きなものって重装備なものが多いですね。ドラムもサバゲーもそう。ドラムも最近は少しずつ自分の機材を揃え始めてるんですが、そうすると、やっぱり自分の道具はいいなって思うわけですよ。スタジオのドラムが悪いとかじゃなく、自分に合った道具の良さに気づいちゃうんですよね。

今まで潜ってきた場所で印象に残っているところは、やっぱり沖縄かな

高校時代、バディを組んでいる友人と初めて沖縄に行った時は有名な青の洞窟に行こうとしたんだけど、波が高くて船を出せなかったので、実は沖縄の海はあまり潜れてないんです。だから、この前7ORDERのLIFEのMV撮影で沖縄に行った時は顕嵐（阿部）とナガツ（長妻）を誘って慶良間まで足をのばせたのは本当に嬉しかったですね。慶良間の海は、小さいバブルが見えるほど透明度抜群なんです。その時は、僕も二人に合わせて体験ダイビングとして登録して、シュノーケリングでもいけるくらい浅い5〜6メートルまで潜りました。この時、顕嵐は耳抜きがちょっと大変そうだったんですが、うまくできてからは、すごく楽しんでいたのでホッとしました。ナガツは最初から結構うまかったです。前に二人と体験に行った時も、ナガツはうまくバランスをとっていたので、ナガツの運動神経の良さはもはや水陸両用だと思います（笑）。それと、顕嵐とぶつかった時にナガツのレギュレーターが外れたんですが、レギュレターリカバリーもちゃんとできてたから、ナガツはマジでダイビングにハマるかもしれないですね。レギュレーターが外れた時は、さすがに恐かったって言ってたけど、センスがあるから是非続けて欲しいです！

今はインストラクター目指して猛勉強中です

インストラクターの講習IDC（インストラクター開発コース）は、人に教えるのが目的なので、実はほぼ潜らないんです。僕は文系だから物理とか超苦手なんで、結構苦戦しています。みんなが勉強している時に仕事をしてたから、その時の勉強がスッポリ抜けてるんですよね（笑）。余談ですが、ドラムのフレーズもすぐに忘れるから音符を譜面に起こしておくんです。僕のドラムの先生はクラシックの先生だったので、僕は譜面が書ける珍しいドラムなんですよ（笑）。

インストラクター講習の内容は、ワークショップだったり、喋る練習、説明の仕方、などという機関の仕組みみたいなことを学んで、実際にプレゼン。そのデモンストレーションの評価があった上で、今度はEFR（エマージェンシー・ファースト・レスポンス）の資格も取るんです。それが終わったら、試験会場でIE（インストラクターイグザム）というダイブマスターの延長線上の難しい筆記試験を受け、そのあとに、プールと海でデモンストレーション。そして、ちゃんとトラブル時の対応が出来ているか、などのテストをするんです。インストラクターともなると、試験もさすがに難しいんですよね。でも、インストラクターの資格があれば、どこの海でも、誰にでもダイビングを教えられるようになるので、インストラクター萩谷がメンバーを連れて外国の海で潜る、なんてこともできるようになるんです。なんか夢が広がりますよね。それを実現させるためにも、今はインストラクター取得に向けて日々勉強あるのみです！

この本がダイビング普及バイブルになると嬉しい

今回の本の出版は、まさに好きが仕事につながった僕の理想とするカタチ。可能ならシリーズ化して、もっといろんなところに潜りに行きたいです。ダイビングはそんなに恐ろしいことじゃないし、近場で潜ってる限りサメにも遭遇しませんよ。むしろ狙っても会えないですけど（笑）。そういう恐怖感は、水中世界の魅力を知るにつれ、どんどん薄まっていくはずです。潜水する楽しみ、体が解き放たれリラックスした状態で海の中に居続けられる喜び、水族館とは違うリアルな魚の世界に触れられる面白さなど。ダイビングをした人にしかわからない体験や感動を多くの人に伝えたい…インストラクターを目指すようになってから、そんな思いをさらに強く持つようになりました。

ダイビングは、人間が生きた魚たちの世界にお邪魔するわけですから、環境を直視することも大事なんですよね。以前、沖縄に行った時、水温が上昇したことによって白骨化したサンゴが海底にたまっていたんです。そういうのを目の当たりにすると、本当に環境法って大事だなって思うようになるし、そういうことに気づくきっかけにもなりました。

それと、洞窟や沈没してるものに触れるのもめっちゃワクワクしますよ。洞窟って閉鎖されてるから結構恐いんだけど、逆にそのドキドキ感がたまらない。だから今度は、宮古島の魔王の宮殿に行ってみたいんです！ヤス（安井）みたいに水の中にある建造物とかが恐い人もいるけど、僕は平地のきれいなテーブルサンゴをみるより、入り組んだ岩の隙間を泳いだり、岩の上に登ったりする方が楽しい。長い年月をかけて変化しながら作られた地形を見ていると、なんでこんなところに穴が開いてるのかな…とか、いろんな好奇心が掻き立てられるんです。だから、そんなに人気がなくても地形がオモシロいスポットを選びがちですね。あっ、でももちろん生き物好きですから、生き物の撮影も楽しいですよ。特にナイトダイビングは、伊勢海老などの夜行性の生き物が活発にでてきて、潜るたびにいろんな発見があります。自分がライトを照らしたところしか見えないから、アドベンチャー感も最高だし、なんといっても真っ暗でスリリング。ナイトダイビングはまた違う楽しみがあるんですよね。

将来は、夫婦でダイビングショップをやるのもいいね

僕は、多趣味でいろんなことを幅広くやっているけど、これからはちゃんと仕事としてやっていく趣味はダイビングぐらいにしようかなと思ってます。ダイビングは、資格を持っていれば一生使えるしね。そして将来は、ヒロミさんや所さんみたいになりたい。男の理想ですよね。僕の師匠は夫婦でダイビングインストラクターをやってるんですが、二人を見ていると、夫婦でダイビングショップとかを経営するのもいいな、って思ったりします。僕は、お互い好きなことやって、好きなことを言いあえるのって男女だとなかなか難しいと思っているんです。だから、それをやっている師匠夫妻は本当にスゴイ。夫婦やパートナーになると、少しずつ分かり合えていくものなんでしょうかね。僕にも、いつになるかわかりませんが、そんな人が現れたら、その時は一緒に好きなことをしながら仲良く楽しく生きていけたらいいですね。

MAMMUT

MAMMUT

Nikon

Canon

2021年8月12日　初版第一刷発行

Model　萩谷慧悟（7ORDER）
Photographer　小野寺廣信（Boulego）
Stylist　甲斐修平
Hair & Make　澤西由美花（クララシステム）
Management　7ORDER project
Editer　赤沢奈穂子

撮影協力
三宅島観光協会
三宅島オーシャンクラブ No.3
夕景
GIZMO
土屋食品
mic21

Transworld Japan Inc.
Produce　斉藤弘光
Designer　山根悠介
Sales　原田聖也

発行者　佐野 裕
発行所　トランスワールドジャパン株式会社
〒150-0001 東京都渋谷区神宮前6-25-8
神宮前コーポラス
Tel：03-5778-8599　Fax：03-5778-8590

印刷・製本　日経印刷株式会社

ISBN 978-4-86256-320-0
2021 Printed in Japan

HORIZON

KEIGO HAGIYA